Der Arena LeseStier
Kurze Geschichten

Jo Pestum
studierte Malerei und arbeitet als Schriftsteller
und Film-, Funk- und Fernsehautor.
Er zählt zu den bekanntesten deutschen
Kinder- und Jugendbuchautoren.

Weitere lieferbare Bücher in Arena Verlag und Edition Bücherbär:
»Tobi und die rosa Teufel«
»Tobi und die blauen Stürmer«
»Jonas der Rächer«
»Detektiv Luc Lucas – Rätselhafte Fälle«
»Fang niemals einen Stern«
»Lillilu liebt starke Tiere«
»Maja und der Hausaufgaben-Trick«
»Das Geheimnis der Nikolausnacht«
»Detektivbüro Anja Adlerauge«

Ann de Bode
wurde 1956 in Kinshasa (Zaire) geboren.
Sie studierte und unterrichtete Werbegrafik am St. Maria Institut in Antwerpen (Belgien).
Später arbeitete sie in einigen Werbeagenturen. Seit 1988 hat sie zahlreiche Kinder- und
Bilderbücher in verschiedenen Sprachen illustriert.

Jo Pestum

Nikos tollstes Tor

und andere

Fußballgeschichten

Mit farbigen Bildern von
Ann de Bode

Arena

In neuer Rechtschreibung

2. Auflage 1996

Einband und Illustrationen: Ann de Bode
Gesamtherstellung: Westermann Druck Zwickau GmbH
ISBN 3-401-04679-9

Inhalt

Unsere Mannschaft hält zusammen!

Ich heiße Johannes und gehe schon in die zweite Klasse. Jeden Nachmittag spiele ich Fußball, sogar wenn es regnet. In diesem Monat bin ich der Spielführer unserer Straßenmannschaft. Wir wechseln uns immer ab. Im Mai war Katrin Spielführerin, im Juli wird es Sebastian sein. Aber jetzt ist

Juni und da bin ich dran. Man kann auch Mannschaftskapitän zu mir sagen oder einfach nur Käpt'n.
Diese Kinder gehören zu unserer Fußballmannschaft: Harry, Simon, Juliane, Sebastian, Wanja, Katrin und ich. Wir wohnen alle in der Nordstraße, darum nennen wir uns 1. FC Nordstraße. FC bedeutet: Fußball-Club. Wir sind alle ziemlich gute Spieler!

Harry ist meistens der Torwart. Simon kann am schnellsten rennen. Juliane ist lang und dünn und kann prima köpfen. Sebastian hat den härtesten Schuss. Wanja ist Spezialist für Freistöße, Ecken und Elfmeter. Katrin ist eine wieselflinke Dribblerin.
Und ich? Also, ich glaube, ich kann beim Fußballspielen alles sehr gut. Aber das sage ich nicht laut, sonst nennen die anderen aus unserer Mannschaft mich einen Angeber.
Hinter dem Spielplatz für die kleinen Kinder haben wir unseren Bolzplatz. Sogar mit richtigen Toren! Da spielen wir oft gegen andere Straßenmannschaften. Noch häufiger üben wir dort aber genaues Zuspielen und Flanken und jede Menge Tricks. Training nennt man das. Es wird immer vom Spielführer geleitet. Dann müssen die anderen tun, was er sagt. Und

in diesem Monat bin ich ja der Mannschafts-kapitän.

Vor ein paar Wochen, als Wanja Spielführer war, passierte etwas Verrücktes. Eigentlich war es sogar ein Unglück. Aber warum musste der dicke Oskar Plaschke auch ausgerechnet an dem Nachmittag seinen Gartenzaun anstreichen, als wir unser Training hatten!
Und so ist das alles geschehen:
Harry rief: »Jetzt macht doch mal einen richtig guten Angriff auf mein Tor! Wetten, dass ich den Ball halte? Ich bin nämlich ein Supertorwart!«
»Das werden wir ja sehen«, sagte Wanja. »Also, Leute, wir starten einen Angriff, dass Harry die Ohren übergehen.«
Von weit hinten kickte Wanja den Ball Katrin haargenau vor die Füße. Sie

dribbelte ein paar Schritte und spielte den Ball dem schnellen Simon zu.
Simon legte sich den Ball vor und rief im Laufen: »Aufgepasst, Jojo! Jetzt kommt eine Vorlage für dich.«
Damit meinte er mich, denn meine Mitspieler nennen mich nicht Johannes, sondern Jojo. Simons Vorlage war erstklassig. Ich ließ den Ball ein bisschen hüpfen. Dann schlug ich eine Maßflanke zu Juliane.
Juliane stand ungefähr fünf oder sechs Schritte vor Harrys Tor. Sie sprang hoch und nahm den Ball mit dem Kopf an. Doch sie köpfte nicht aufs Tor, sondern zu Sebastian. Der kam nämlich auch schon angebraust.
Wunderschön tippte der Ball vor Sebastian auf. Und Sebastian schoss mit voller Wucht. Nie im Leben hätte Harry diesen Schuss

gehalten! Aber leider rutschte der Ball ein wenig von Sebastians Fuß ab und zischte am linken Torpfosten vorbei.

Der Ball flog weit, sehr weit. Bis zu den Gärten! Und dort knallte er gegen Oskar Plaschkes Gartenzaun. Eigentlich wäre das ja nicht so schlimm gewesen. Aber ausgerechnet an diesem Tag war der dicke Oskar Plaschke dabei den Gartenzaun hellblau anzustreichen. Der Ball platschte genau auf die frische Farbe. Aber das war noch nicht alles! Er prallte vom Zaun zurück und rollte gegen den Eimer mit der blauen Farbe. Peng! Der Eimer kippte um. Wie blaue Suppe floss die Farbe ins Gras.
»Oh, verdammt!«, flüsterte Sebastian. Seine Stimme zitterte. Wir alle standen stumm vor Schreck da, als Oskar Plaschke zu uns hergelaufen kam. Das heißt, gelaufen kam er eigentlich nicht. Es war mehr so, dass er wie ein Büffel auf uns zugestampft kam. Sein Gesicht war rot vor Wut und sah wirklich zum Fürchten aus! In der rechten

Hand hielt er seinen Anstreicherpinsel, in der linken Hand hatte er unseren Ball.
»Wer war das?«, brüllte der dicke Büffel Oskar Plaschke.
Erst dachte ich: Am besten, wir rennen ganz schnell weg. Der kriegt uns doch nicht, der alte Fettkloß. Wir sind viel zu schnell. Doch dann fiel mir ein: Wegrennen geht nicht. Er hat ja unseren Ball. Den brauchen wir doch unbedingt.
Wieder brüllte Oskar Plaschke: »Wer war das?«
Ich sah, wie Sebastian sich einen Ruck gab und mutig sagte: »Ich wars. Aber ich hab es doch nicht mit Absicht gemacht.«
In meinem Kopf schwirrten die Gedanken wie aufgeregte Bienen umher. Es war doch nicht Sebastians Schuld, dass der Ball am Tor vorbeigezischt war! Harry hatte gesagt: »Jetzt macht doch mal einen richtig guten

Angriff auf mein Tor!« Den hatten wir dann auch gemacht, einen richtig guten Angriff. Alle zusammen. Es war doch nur Zufall, dass es gerade Sebastian war, der den Ball als Letzter berührt hatte. Es hätte ja auch ein anderer sein können aus unserer Mannschaft! Ich nahm all meinen Mut zusammen. »Ich wars!«, rief ich laut.

Auf einmal kam Bewegung in unsere ganze Mannschaft.

»Ich wars!«, rief Katrin.

»Nein, ich wars!«, rief Wanja.

»Quatsch, ich wars!«, rief Torwart Harry.

»Du? Von wegen! Ich wars!«, rief Juliane.

»Aber ich wars doch!«, rief Simon.

Der dicke Oskar Plaschke hatte den Mund weit offen und starrte uns der Reihe nach an. Dann passierte etwas Merkwürdiges. Sein Wutgesicht verzog sich mehr und mehr zu einem Lachgesicht.

Oskar Plaschke sagte: »Da bin ich aber platt. Ihr seid ja eine richtig gute Mannschaft!«
Zuerst verstanden wir nicht, was er meinte. »Am allerwichtigsten bei einer Mannschaft ist es«, erklärte Oskar Plaschke, »dass sie zusammenhält. Und wie ich sehe, haltet ihr prima zusammen. Beim Fußball kommts nämlich nicht nur darauf an, dass jeder Spieler für sich gut spielt. Er muss vor allem zum Wohle der Mannschaft spielen. Kombinieren, gut abspielen, den Ball zum Mitspieler weiterleiten, nicht eigensinnig rumfummeln. Ihr wisst schon, was ich meine. Jeder setzt sich für jeden ein. Fußball ist nämlich ein Mannschaftsspiel. Aber ihr habt ja gezeigt, dass ihr zusammenhaltet.«
Ich dachte: Donnerwetter! Der Oskar Plaschke redet ja wie ein Bundestrainer. Der hat ja eine richtige Rede gehalten.

»Woher wissen Sie das alles?«, fragte Juliane.
Oskar Plaschke lächelte. »Weil ich Ahnung habe vom Fußballspielen!«
Simon konnte das wohl nicht glauben. Er fragte: »Sie? Sie haben wirklich Ahnung vom Fußball?«
Oskar Plaschke guckte ein bisschen verlegen. »Ich war ja nicht immer so dick«, sagte er. »Früher, als ich jung war, da hab ich in einer richtigen Mannschaft gespielt. Ich war ein knallharter Verteidiger. An mir kam so leicht kein Gegenspieler vorbei. Das könnt ihr mir glauben!«
Jetzt sagte ich es laut: »Donnerwetter!«
Und dann riefen auch Katrin und Simon und Harry und Wanja und Sebastian und Juliane: »Donnerwetter!«
Sebastian fragte leise: »Unseren Ball, geben Sie uns den bitte wieder?«

Oskar Plaschke legte den Anstreicherpinsel auf die Erde. Dann zog er einen Lappen aus der Jackentasche und putzte damit die blaue Farbe von unserem Fußball ab. Den Ball warf er Torwart Harry zu.
Er sagte: »So ein Schuss am Tor vorbei, also, so was kann jedem mal passieren. Aber passt in Zukunft besser auf. Nicht einfach drauflosknallen! Beim Torschuss muss man genau zielen. Gute Stürmer können das.«
»Was ist mit der blauen Farbe?«, fragte Juliane. »Der Eimer ist doch umgekippt. Und weil Sie mit dem Zaunstreichen ja noch nicht fertig sind.«
Oskar Plaschke nickte. »Schöner Mist! Ich glaube, ich hab noch ein bisschen hellblaue Farbe zu Hause. Aber wenn sie nicht ausreicht, müsst ihr euer Taschengeld zusammenlegen.«

»Das machen wir«, erklärte Wanja. Er sprach für die ganze Mannschaft, denn damals war er ja der Spielführer.
Zum Glück reichte Oskar Plaschkes Farbe aber aus und wir konnten unser Taschengeld behalten.

Seit jenem Tag schaut der dicke Oskar Plaschke uns manchmal beim Fußballspielen zu. Wenn wir trainieren oder wenn wir gegen andere Straßenmannschaften spielen. Er gibt uns auch Tips und zeigt uns viele Tricks. Zum Beispiel, wie man den Torwart beim Elfmeter täuscht oder wie man beim Schuss mit dem Außenrist den Ball anschneidet.
Einmal hat Oskar Plaschke uns den Fallrückzieher vorgemacht. Dabei ist er auf den Popo geplumpst. Das kann natürlich jedem mal passieren. Aber es sah mächtig komisch aus.

Nikos tollstes Tor

An einem Nachmittag hockten Niko und seine Freunde und Freundinnen am Bachufer im Gras und spielten schwarzer Peter. Da kam Manni Riedel mit seinem Dackel auf sie zugelaufen.
Manni Riedel rief: »He, ihr! Habt ihr Mut ein Fußballspiel gegen unsere Mannschaft zu machen? Oder seid ihr etwa zu feige?«
Niko lachte laut. »Wir und feige? Gegen euch Würstchen gewinnen wir doch locker. Wann soll das Spiel denn stattfinden, du Großmaul?«
Manni Riedel spuckte seinen Kaugummi aus. »Am Freitag um drei Uhr. Auf der Wiese hinter dem Sägewerk. Und dann

werden wir ja sehen, wer hier ein Großmaul ist.«
»Abgemacht!«, sagte Niko. »Am Freitag um drei.«
Da zogen Manni Riedel und sein Dackel auch schon weiter.
Oje! Auf was hatte Niko sich da eingelassen! Moritz, Pia, Ole, Mirjam und Hubertus ließen die Spielkarten fallen und schauten Niko böse an.
Mirjam schimpfte: »Mensch, Niko, wir haben doch gar nicht abgestimmt. Wieso hast du Manni Riedel einfach zugesagt, dass wir gegen seine Mannschaft spielen?«
Ole knurrte: »Gegen die verlieren wir ja sowieso!«
Manni Riedel gehörte zur Mannschaft vom Kirchplatz. Niko, Mirjam, Ole, Hubertus, Pia und Moritz hatten noch nie gegen sie gespielt. Aber sie wussten, dass die Kirchplatz-

Mannschaft unheimlich gut war. Zwei Jungen von denen spielten sogar richtig im Fußballverein. Das würde ein superschweres Spiel werden, ganz klar.
Nikos Mannschaft nannte sich Hochhaus-Mannschaft, weil alle sechs Kinder im Hochhaus am Markt wohnten. Pias großer Bruder Martin übte manchmal mit den Spielerinnen und Spielern. Er war der Trainer der Hochhaus-Mannschaft.

Am Freitag regnete es Bindfäden.
Außerdem war es ziemlich windig.
Die Hochhaus-Mannschaft traf sich schon um zwei Uhr vor dem Hochhaus. Sie mussten ja noch über die Mannschaftsaufstellung sprechen und über die richtige Taktik.
Trainer Martin sagte: »Gute Fußballer können bei jedem Wetter spielen. Auf gehts!«
Sie liefen zur Wiese hinter dem Sägewerk.
Die Kirchplatz-Mannschaft wartete schon.
Manni Riedels Mutter war auch dabei. Sie betreute die Kirchplatz-Mannschaft. Die Wiese war klatschnass vom Regen. Holzstöcke galten als Torpfosten. Eine Torlatte obendrüber gab es nicht, aber das machte nichts.
Im Chor riefen die Spielerinnen und Spieler vom Kirchplatz:

»Ha-ha-ha!
Wir sind Sieger,
das ist klar!«

Und Niko und die anderen von der Hochhaus-Mannschaft antworteten:

»Ho-ho-ho!
Ihr seid schon k. o.!«

Die Kirchplatz-Mannschaft hatte sieben Kicker. Die Spielerinnen und Spieler aus dem Hochhaus waren nur sechs. Darum machten Manni Riedels Mutter und Pias Bruder Martin aus, dass immer fünf Spieler von jeder Mannschaft auf dem Platz sein dürften. Die Kirchplatz-Mannschaft hatte also zwei Auswechselspieler, die Hochhaus-Mannschaft nur einen.
Ole war der Spielführer der Hochhaus-

Mannschaft. Er zog mit Judith Streichhölzer. Judith war nämlich die Spielführerin der gegnerischen Mannschaft. Ole hat gewonnen. Darum bekam die Hochhaus-Mannschaft den Anstoß.

»Wir spielen zwanzig Minuten«, sagte Judith. »Dann ist Halbzeit. Nach dem Seitenwechsel wird noch mal zwanzig Minuten gespielt. Die Mannschaft, die die meisten Tore schießt, hat gewonnen.«

»Wir natürlich!«, meinte Hubertus.
»Quatsch!«, rief Manni Riedel. »Wir natürlich!«
Und dann begann das Spiel.

Moritz war Torwart der Hochhaus-Mannschaft. Pia und Hubertus spielten Verteidiger. Mirjam und Ole sollten als Stürmer jede Menge Tore schießen. So hatte es Trainer Martin entschieden. Und Niko?
Niko musste als Auswechselspieler zuerst einmal draußen bleiben. Erst war er sauer. Aber dann dachte er: Vielleicht ist es gut so. Da merken die von der Kirchplatz-Mannschaft noch nicht, dass ich der gefährlichste Spieler von allen bin.
Himmel! Wie rutschig die Wiese war! Und der Wind veränderte immer wieder die Flugbahn des Balles. Pia wollte einen

Schuss abwehren, doch sie trat am Ball vorbei. Zum Glück passte Moritz auf und faustete den Ball ins Aus.
Niko mußte zugeben: Die Mannschaft vom Kirchplatz war echt gut. Richtig eingespielt waren die. Die Spielerinnen und Spieler von der Hochhaus-Mannschaft rannten zwar schnell wie die Hasen, aber fast immer war einer von den Gegnern eher am Ball. Niko zitterte vor Aufregung.
Trainer Martin schrie: »Ole, du musst dich freilaufen! Und nicht alle gleichzeitig hinter dem Ball her!«
Mirjam rieb sich das Knie. Sie hatte einen Tritt abgekriegt. »Passt auf!«, rief sie. »Die hauen drauf wie die Holzhacker!«
Ja, die Kirchplatz-Kicker waren wirklich nicht ohne. Zwei von denen hatten richtige Fußballschuhe an mit Stollen drunter. Damit rutschten sie auch nicht so leicht auf

dem glitschigen Gras aus. Aber ein Tor war noch immer nicht gefallen!
Endlich startete die Hochhaus-Mannschaft mal einen guten Angriff. Ole gab eine Flanke hoch vor das gegnerische Tor. Mirjam sprang mit aller Kraft los um den Ball hineinzuköpfen. Doch da schubste einer von der Kirchplatz-Mannschaft sie einfach weg. Das war unfair! Und eigentlich hätte es Strafstoß geben müssen.
Mirjam humpelte an den Rand des Spielfelds.
Trainer Martin rief: »Los, Niko! Jetzt bist du dran!«
Wie der Blitz sauste Niko los. Auch die gegnerische Mannschaft wechselte aus.

Die Wiese war ganz schlimm matschig. Niko sackte richtig ein. Als Hubertus ihm eine Vorlage gab, konnte er sie nicht erwischen. Er rutschte nämlich mit seinen Turnschuhen aus.
»Ihr müsst euch mehr anstrengen!«, forderte Torwart Moritz. Er war von oben bis unten voll Schlamm.
Zur Halbzeit stand es immer noch 0:0. Glück für die Hochhaus-Mannschaft. Die Kirchplatz-Elf hatte überlegen gespielt und mehr Torchancen gehabt. Nun hockten Pia, Hubertus, Mirjam, Niko, Ole und Moritz im nassen Gras. Sie futterten Kekse und tranken Cola. Trainer Martin erklärte ihnen, was sie besser machen mussten.
In der zweiten Halbzeit hatten sie den Wind im Rücken. Das war ein Vorteil. Da konnten sie viel fester auf das Tor der Kirchplatz-Mannschaft schießen.

Und dann kam Nikos großer Augenblick! Hubertus hatte Manni Riedel ausgetrickst. »Niko, pass auf!«, rief Hubertus. »Eine Flanke für dich!«
Niko startete los. Doch an einem blöden Grasbüschel kam er ins Stolpern. Er knallte auf den Bauch und rutschte über die Wiese. Der Ball von Hubertus prallte voll gegen seinen Kopf – und dann! Dann sprang der Ball von Nikos Kopf haargenau ins Tor der Kirchplatz-Mannschaft.
Der Torwart war völlig machtlos.
»Tor! Tor! Tor!«, brüllten und kreischten und jubelten Ole, Pia, Mirjam, Moritz und Hubertus. Sie warfen sich vor Freude auf Niko und zerquetschten ihn fast.
»Niko, das war Weltklasse!«, rief Pia.
»Mann, so ein flacher Hechtsprung! Und dann – zack – so ein wahnsinniger Kopfstoß!« Moritz konnte es kaum glauben.

»Das macht dir so leicht keiner nach, Niko. Nicht mal ein Profi.«

Niko stand auf und wischte sich die Matsche aus den Augen. Ganz durcheinander war er und sehr, sehr glücklich.

Er sagte: »Die Flanke von Hubertus war ja auch erste Sahne. Da dachte ich: Jetzt oder nie! Und dann bin ich einfach losgehechtet. Übrigens kann es gut sein, dass ich später mal Profifußballer werde.«

Es war Nikos tollstes Tor. Noch lange haben die Kinder der Mannschaft davon geschwärmt. Sogar in der Schule redete man davon. Nur Manni Riedel motzte immer wieder, das sei ein Glückstreffer gewesen.
Klar war das ein Glückstreffer. Aber Niko hat nie verraten, dass er gar keinen Hechtsprung gemacht hatte, sondern bloß gestolpert war. Das mussten die anderen ja nicht unbedingt wissen.
Ach ja! Die Hochhaus-Mannschaft hat das Spiel 1:0 gewonnen.

Onkel Herbert zaubert

Sonntags trafen sich die Jungen aus der Nachbarschaft immer auf der großen Wiese am Ufer des Rheins. Genau um elf Uhr. Da wurde nämlich Fußball gespielt. Und das war das Besondere: Die Jungen brachten ihre Papas mit. Und die kamen nicht etwa zum Zuschauen! Nein, die Papas spielten mit.

Auf der Wiese am Fluss gab es mehrere Spielfelder mit richtigen kleinen Fußball-toren. Da machte das Spielen Spaß. Und wenn Jungen und Papas gemeinsam Mannschaften bilden und spannende Spiele austragen, dann macht es natürlich besonders viel Spaß.

David ging auch jeden Sonntag zur Uferwiese. Sie ließen ihn mitspielen, obwohl er kein sehr guter Fußballspieler

war. David war ein bisschen kleiner als seine Freunde, ein bisschen dünner und ein bisschen ängstlicher.
Aber das alles war nicht so schlimm. Etwas anderes war viel schlimmer. Davids Papa konnte noch schlechter Fußball spielen als

David selbst! Viel schlechter! Einmal war er mitgekommen zur Uferwiese. Aber da hatte er so grauenhaft gespielt, dass alle David und ihn ausgelacht hatten. Er hatte neben den Ball getreten. Er konnte nicht köpfen. Er hatte den Fußball sogar mit der Hand angefasst! Wie hatte David sich da geschämt!

Deshalb hatte David am nächsten Tag in der Schule zu den anderen Jungen gesagt: »Dafür kann mein Papa aber prima Tischtennis spielen! Dafür ist mein Papa aber ein erstklassiger Schlagzeuger! Dafür ist mein Papa ein guter Skifahrer!«
Aber das zählte alles nicht. Bei den anderen Jungen zählte nur das Fußballspielen. Davids Papa kam dann nie mehr mit zur Wiese am Rhein. Wer lässt sich schon gerne auslachen!
David beneidete die Freunde. Deren Papas waren wirklich tüchtige Fußballer. Wie die rennen und tricksen und schießen konnten!
Doch dann kam der Tag, an dem sich alles änderte!

An einem Sonntag kam Davids Onkel Herbert zu Besuch. Er war Papas jüngerer Bruder. Schon zum Frühstück war er da

und brachte wie immer viel gute Laune mit.
Als David die Sporttasche aus seinem Zimmer holte, fragte Herbert: »He, David, wohin gehst du?«
David sagte: »Zum Fußballspielen. Wir spielen sonntags immer auf der Wiese am Rhein. Die Papas von den anderen Jungen kommen auch mit.«
Da machte Davids Papa ein Gesicht, als hätte er in eine Zitrone gebissen.
»Einmal«, erklärte er seinem Bruder, »einmal bin ich mit David zum Fußballspielen gegangen. Aber ich habe mich fürchterlich blamiert. Fußball ist nun mal nichts für mich.«
David nickte. »Stimmt!«
Die Mutter fragte: »Herbert, hast du keine Lust mit David spielen zu gehen?«
Ganz erstaunt guckte David seinen Onkel an. »Hast du denn Ahnung von Fußball?«

Herbert lächelte. »Ein bisschen schon«, sagte er.
Davids Papa lachte laut. »Ein bisschen? Lass dir keinen Bären aufbinden, David. Herbert hat sogar eine Menge Ahnung. Der kann gut spielen.«
»Dann komm doch mit!«, bettelte David. »Jeder von den anderen Jungen bringt seinen Papa mit. Und ich bringe einfach meinen Onkel mit. Das gilt auch.«
»Ich hab aber gar keine Sportsachen bei mir«, sagte Herbert.
Davids Papa sprang vom Stuhl auf. »Kein Problem. Eine Sporthose und Turnschuhe kann ich dir leihen. Momentchen!«
Und so kam es, dass David mit seinem Onkel Herbert zur großen Wiese am Rhein lief. Ob Herbert wirklich Fußball spielen kann?, überlegte David.
Besonders groß war Herbert ja nicht, sehr

kräftig wirkte er auch nicht. Aber gelenkig sah er aus.
Hoffentlich blamiert der mich nicht auch noch, bangte David.
Die Freunde und ihre Papas waren schon auf dem Spielfeld.
David rief: »Das ist mein Onkel Herbert! Darf er mitspielen?«

»Aber klar«, sagte Pauls Papa. »Jeder Fußballer ist uns willkommen.«
»Danke«, antwortete Herbert.
Die Mannschaften wurden gebildet. Es kam genau richtig aus: In der einen Mannschaft spielten vier Jungen und vier Papas. In der anderen Mannschaft spielten vier Jungen, drei Papas und Davids Onkel Herbert.
Ein munteres Spiel begann. Das Wetter war schön. Da machte es Spaß Fußball zu spielen.
Dann kam der Ball zu Herbert. David guckte aufgeregt zu. Was würde sein Onkel jetzt machen?
Herbert ließ den Ball auf der Fußspitze tanzen. Tick-tick-tick-tick-tick. Wupp, hatte er ihn auf dem Knie. Ganz leicht und locker ließ er den Ball auf seine Stirn hüpfen und legte ihn sich mit einem geschickten Kopfstoß vor.

Und dann! Dann setzte Herbert zu einem wunderbaren Sturmlauf an. Er dribbelte so schnell, dass ihn niemand einholen konnte. Zuerst umspielte er Wolfgangs Papa, dann Philipp und Jens. Wusch! Herbert sauste so rasch um Stefans Papa herum, dass dem richtig schwindlig wurde.
Pauls Papa war der Torwart der gegnerischen Mannschaft. Er breitete die Arme aus, als Herbert mit dem Ball am Fuß herangedribbelt kam. Aber das nützte ihm nichts! Herbert täuschte ihn so geschickt, dass Pauls Papa in die rechte untere Ecke hechtete. Den Ball knallte Herbert aber in den linken oberen Winkel.
»Tor! Tor! Tor!«, jubelte David.
Die anderen Spieler staunten nicht schlecht.
»Donnerwetter!«, riefen die Papas.
»Echt super!«, riefen die Jungen.
Pauls Papa, der Torwart, fragte: »Wo

haben Sie denn so toll spielen gelernt? Sind Sie etwa in einem richtigen Fußballverein?«
Herbert grinste fröhlich. »Bin ich«, sagte er. »Ich bin der Libero von Rot-Weiß.«
Da staunten die Jungen und ihre Papas erst recht. David konnte es kaum glauben: Mein Onkel spielt in einem richtigen Fußballverein! Das ist ja ein Ding! Dass Papa und

Mama mir das aber auch nicht früher gesagt haben, ist ja mal wieder typisch, ärgerte sich David ein klein wenig. Dann hätte Herbert ja schon viel öfter mitkommen können.

Das Fußballspiel ging weiter. Herbert zauberte. Was immer er mit dem Ball machte – ihm gelang einfach alles. Natürlich gab er seinen Mitspielern auch ein paar

erstklassige Vorlagen, damit sie auch mal Tore schießen konnten. Sogar seine Flanken von der Seitenlinie kamen haargenau so an, dass die Mannschaftskameraden den Ball aufs Tor köpfen konnten. David war unheimlich stolz auf seinen Onkel. Es machte allen Papas und allen Jungen großen Spaß, ein Fußballspiel mit solch einem Superfußballer auszutragen. Die Mannschaft, in der Herbert spielte, gewann natürlich haushoch. Aber das war nicht so wichtig. Die Hauptsache war, dass alle ganz, ganz viel Freude hatten an diesem Spiel. Herbert musste versprechen, jetzt öfter einmal mitzumachen. Zumindest dann, wenn er nicht als Libero von Rot-Weiß am gleichen Tag ein Spiel hatte.
Auf dem Heimweg fragte David: »Könntest du mir nicht alles beibringen, was ein guter Fußballspieler können muss?«

Herbert lachte. »Wir zwei können ja hin und wieder zusammen üben. Und manches kann ich dir bestimmt auch beibringen. Aber es kommt auf dich an, David. Ein guter Fußballspieler wirst du nur, wenn du fleißig trainierst und wenn du dir beim Spiel mit deinen Freunden so richtig viel Mühe gibst.«
»Einverstanden«, sagte David.

Am Abend lag David noch lange wach im Bett. Er stellte sich vor, wie er dribbelte und trickste, wie er köpfte und Flanken schlug, wie er zauberte und Tore schoss. In seinen Gedanken war er schon fast so ein guter Fußballspieler wie sein Onkel Herbert.
Er flüsterte: »Ich werde später auch in einem richtigen Fußballverein spielen. Genau wie Herbert.«
Dann schlief David glücklich ein.

Bogdan spielt mit

Die Kinder trafen sich bei Lenis Pommesbude: Luggi, Peter, Sarah, Imma und Heike. Sie hatten sich alle mit den Hausaufgaben beeilt, weil sie zum Fußballspielen verabredet waren. Heike hatte einen neuen Ball und der musste doch unbedingt ausprobiert werden!
Der Ball war wirklich prima. Knallrot! Damit konnte man alles Mögliche spielen, aber ganz bestimmt am besten Fußball.
Gemeinsam zogen die Kinder los zum Bolzplatz hinter der Schule. Sie liefen im Gänsemarsch. Mit einem Bein auf der Bordsteinkante, mit dem anderen auf der Straße. Vorneweg Peter mit der Torwart-

mütze, dann kam Heike mit dem Ball unter dem Arm, dann Sarah, dann Imma, dann Luggi. Luggi hatte in der Hosentasche eine Dose Cola.
Es machte Spaß so am Straßenrand im Takt zu humpeln. Die Kinder riefen laut:

»Zicke-zacke,
Hühnerkacke!
Hoi-hoi-hoi!«

Da hielt plötzlich ein Auto neben ihnen an. Der Fahrer beugte sich aus dem Fenster und brüllte wie ein Brüllaffe: »Runter von der Straße, ihr Rotznasen!«
Das ließen die Kinder sich aber nicht gefallen. Schließlich gehörte die Straße nicht nur den Autofahrern!
Imma rief: »Selber Rotznase!«
Peter rief: »Alter Miststinker!«
Der Mann guckte ganz grimmig und zeigte den Kindern den Vogel. Die lachten aber nur. Da gab der Fahrer Gas und brauste weiter.
Die Kinder hatten gute Laune, weil sie dem Autofahrer so freche Wörter nachgerufen hatten. Sie lachten noch, als sie auf dem Bolzplatz ankamen.
Da stand auf einmal ein fremder Junge vor ihnen!
Mitten auf dem Platz stand er. Er hatte

rabenschwarzes Haar und ein Lachgesicht. Sein Pulli war ihm viel zu groß.
»Was will denn der hier?«, flüsterte Luggi.
Heike sagte: »Mitspielen natürlich. Er heißt Bogdan und ist neu in meiner Klasse. Ich hab ihm gesagt, er darf mit uns Fußball spielen.«
Peter war sauer. »He, das hast du doch gar nicht allein zu entscheiden, Heike! Auch wenn der Ball dir gehört. Fremde haben in unserer Mannschaft nichts zu suchen.«
Imma nickte. »Genau. Und wie der schon aussieht. Wie ein komischer Indianer.«
Heike blieb ganz locker. »Bogdan kommt aus Rumänien.«
Sarah fragte: »Kennt der denn überhaupt unsere Sprache?«
»Er kann erst ein bisschen Deutsch sprechen«, sagte Heike. »Aber er kann Fußball spielen. In allen erstklassigen Mannschaften

gibt es Fußballspieler aus verschiedenen Ländern. Oder wisst ihr das nicht?«
Luggi rief: »Doch! Fußball ist etwas Internationales.« Er war mächtig stolz auf diesen Satz. »Auch die Spielregeln sind international.«
Peter blieb bockig. »Aber er wohnt nicht in unserer Straße.«
Da konnte Luggi nur überlegen grinsen. »Na und? Meinst du vielleicht, alle Spieler von Borussia Dortmund wohnen auch in Dortmund? Ist doch piepegal, wo er wohnt!«
Heike erklärte es den anderen Kindern. »Bogdan wohnt mit seiner Familie in einem von den blauen Blechhäusern beim Bahndamm.«
Alle Kinder wussten: Das waren die Notunterkünfte für Ausländerfamilien. Die waren aus Ländern gekommen, wo das Leben schwer war und wenig Freude machte.

Imma sagte: »Ich bin dafür, dass Bogdan mitspielen darf.«

Dann waren alle Kinder dafür. Auch Peter. Hatte der fremde Junge verstanden, was die Kinder geredet hatten? Er kam langsam näher und lächelte. »Ich Bogdan«, sagte er. Da nannten alle Kinder ihren Namen. Heike schoss den Ball hoch in die Luft. »Los, laßt uns spielen!«, rief sie. Zuerst übten sie ein bisschen. Mit dem neuen Ball ging das prima. Sie bildeten einen Kreis. Einer musste sich in die Mitte stellen und versuchen den Ball zu erwischen. Das war nicht leicht. Die anderen kickten sich den Ball nämlich ganz schnell gegenseitig zu. Zick-zack-zick-zack. Immer mit Antäuschen natürlich und allerlei Tricks.

Bogdan konnte das nicht besser als die anderen, aber auch kein bisschen schlechter. Und rennen konnte er genauso schnell wie die flinke Imma.

Dann stellten die Spielerinnen und Spieler Ziegelsteine hintereinander auf, immer mit drei Schritten Abstand dazwischen.
Dribbeln war angesagt. Wer konnte am schnellsten mit dem Ball die Ziegelsteine umkurven? Da musste man höllisch aufpassen, damit der Ball nicht weghüpfte.
Luggi gab immer das Zeichen zum Anfangen. Er schaute dann auf seine Uhr und sagte den anderen, wie viele Sekunden jeder beim Dribbel-Slalom gebraucht hatte.
Er selbst kam zuletzt an die Reihe und schaffte es am schnellsten. Jedenfalls erklärte er: »Ich hab gewonnen! Ich hab bloß dreiunddreißig Sekunden gebraucht.«
Sarah meinte: »Ich wette, der Luggi hat geschummelt. Er war nicht schneller als die anderen.«
Luggi guckte beleidigt. Aber schon ging es weiter.

Die Kinder hatten sich nämlich noch eine Spezialübung ausgedacht. Die ging so: Man musste sich Peters Torwartmütze aufsetzen und ganz tief in das Gesicht ziehen. Nichts durfte man mehr sehen! Blind dribbeln, so etwas ist unheimlich schwer.
Sarahs Vater hatte ihnen einmal erklärt: »Man darf beim richtigen Fußballspiel nicht immer nur auf den Ball gucken. Man muss doch schauen, wo ein Mitspieler frei steht. Dem kann man dann den Ball zuspielen.«
Darum übten sie also das Dribbeln ohne auf den Ball zu schauen.
Da gab es viel zu lachen. Luggi torkelte herum wie ein Betrunkener. Imma traf den Ball kein einziges Mal. Peter stolperte über den Ball und fiel hin. Am lautesten lachte Bogdan.
Er zeigte den anderen auch eine Übung.

Sie mussten sich mit etwas Abstand hinter-
einander aufstellen und die Beine spreizen.

Bogdan kam mit dem Ball angestürmt und zielte ihn haargenau durch den Tunnel aus Beinen.
Klasse! Der Ball hatte kein einziges Bein berührt.
Klar, das versuchten die anderen auch.
Peter schoss ziemlich krumm und traf bei seinen Versuchen mindestens drei, vier Beine.
Er maulte: »Ich brauch das überhaupt nicht zu können. Ich bin ja der Torwart. Ich muss nur die Schüsse halten.«
Aber auch als Torwart war Peter an diesem Tag nicht gut in Form. Die Kinder stellten sich nämlich nun im Halbkreis vor dem Tor auf und schossen und köpften, dass ihm die Bälle nur so um die Ohren flogen. Der neue rote Ball war wirklich Klasse. Heike rief: »Mann, Peter, heute knallen wir dir aber so richtig die Bude voll!«

Zum Schluss hatte Luggi noch eine von seinen doofen Ideen. »Heike, nimm mal meine Coladose in die Hand und heb sie hoch!«, sagte er. »Ihr werdet sehen, aus zehn Meter Entfernung schieße ich der Heike die Dose aus der Hand. Ich bin nämlich ein Meisterschütze.«
Heike stellte sich also hin und reckte die Coladose in die Höhe. Sie sah aus wie die Freiheitsstatue in New York.
Luggi nahm Anlauf und donnerte einen seiner wuchtigen Schüsse los. Er traf aber nicht die Cola. Der Ball knallte Heike voll in den Bauch.
Das tat weh! Heike weinte ein bisschen. Zum Trost durfte sie dann die Cola aber ganz allein austrinken. Da gings ihr wieder besser.
Bogdan spielte in dieser Woche an jedem Nachmittag mit den Kindern Fußball.

Einmal trugen sie auch ein Spiel gegen eine andere Kindermannschaft aus.
Es war so, als hätte Bogdan schon immer dazugehört.

Am Montag kam Bogdan aber nicht zum Bolzplatz.
Heike sagte: »Auf Bogdan brauchen wir nicht zu warten. In der Schule war er heute auch nicht. Seine Familie musste wegziehen in eine andere Stadt. Das weiß ich von unserer Lehrerin.«
»Aber er kommt doch wieder, der Bogdan?«, fragte Luggi.
Heike schüttelte den Kopf. »Nein, er kommt nicht wieder.«
»Scheiße!«, sagte Luggi leise.
Alle waren sehr traurig. An diesem Nachmittag machte ihnen das Fußballspiel mit dem neuen roten Ball keine Freude

mehr. Es ist schlimm, wenn eine Mannschaft einen Spieler verliert. Aber Sarah, Peter, Imma, Luggi und Heike haben den lustigen Bogdan nie vergessen.